T0390268

Conoce a los caballos

Los caballos Clydesdale

por Rachel Grack

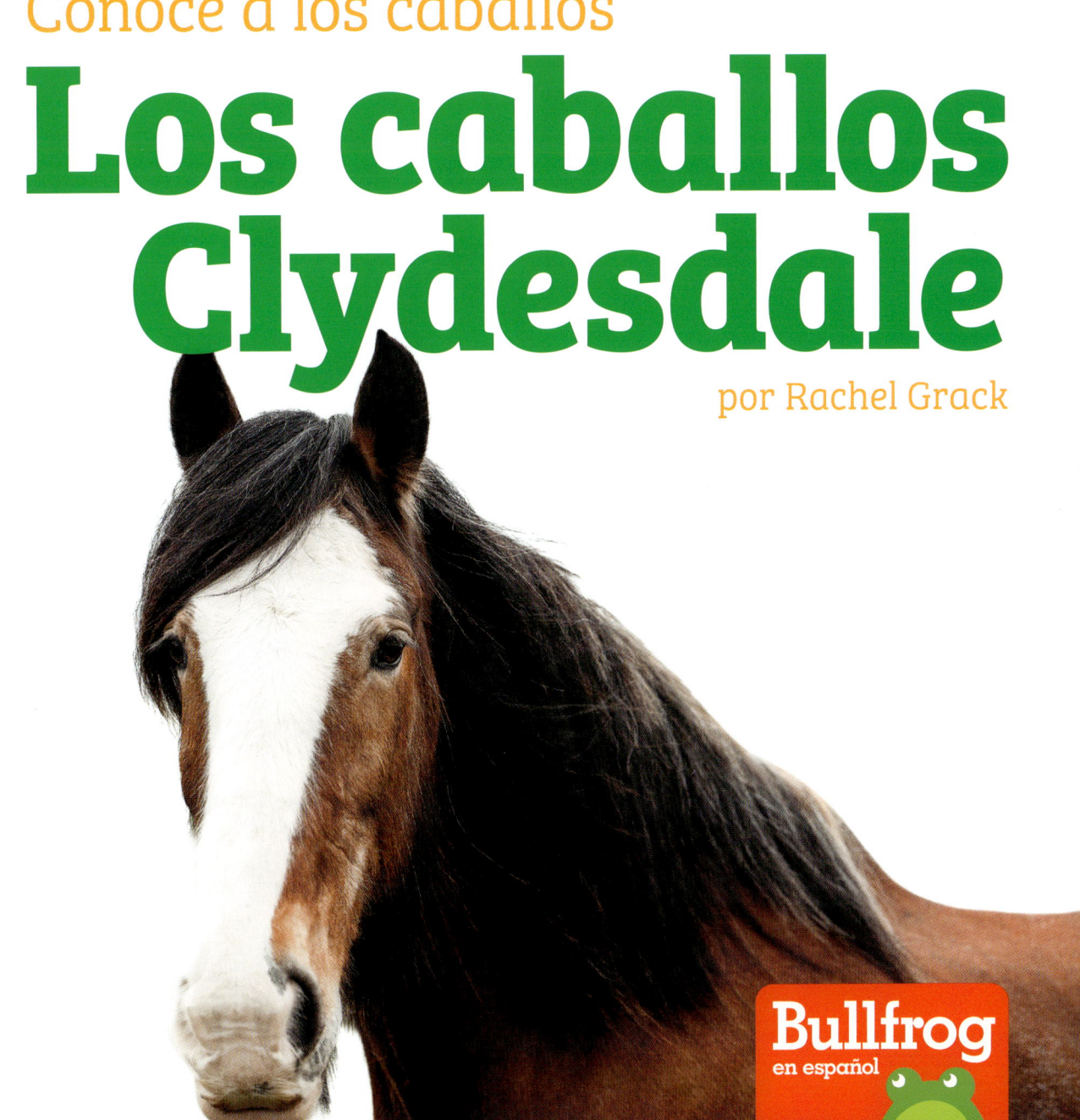

Bullfrog
en español

Ideas para padres y maestros

Bullfrog Books permite a los niños practicar la lectura de textos informativos desde el nivel principiante. Las repeticiones, palabras conocidas y descripciones en las imágenes ayudan a los lectores principiantes.

Antes de leer

- Hablen acerca de las fotografías. ¿Qué representan para ellos?
- Consulten juntos el glosario de las fotografías. Lean las palabras y hablen de ellas.

Durante la lectura

- Hojeen el libro y observen las fotografías. Deje que el niño haga preguntas. Muestre las descripciones en las imágenes.
- Léale el libro al niño o deje que él o ella lo lea independientemente.

Después de leer

- Anime al niño para que piense más. Pregúntele: ¿Has visto alguna vez un caballo Clydesdale? ¿Qué tan grande era?

Bullfrog Books are published by Jump!
5357 Penn Avenue South
Minneapolis, MN 55419
www.jumplibrary.com

Library of Congress Cataloging-in-Publication Data is available at www.loc.gov or upon request from the publisher.

ISBN: 979-8-89662-145-4 (hardcover)
ISBN: 979-8-89662-146-1 (paperback)
ISBN: 979-8-89662-147-8 (ebook)

Editor: Katie Chanez
Designer: Molly Ballanger
Translator: Annette Granat
Content Consultant: Becky Robb Hotzler; Wells Creek Wild Mustang Sanctuary; This Old Horse, Inc.

Photo Credits: Chase D'animulls/Shutterstock, cover; Dan Baillie/Shutterstock, 1; Margo Harrison/Shutterstock, 3, 5; Robert Michaud/iStock, 4; Graham Chamberlain, 6–7, 23br, 23bm; OryPhotography/Shutterstock, 8–9, 23tr; Muskoka Stock Photos/Shutterstock, 10; Chris Klonowski/iStock, 11; Gannet77/iStock, 12–13, 23bl; David Bagnall/Alamy, 14–15; Mark Hodson Photography/Alamy, 16, 23tm; Tim Gainey/Alamy, 17; Malcolm Snelgrove/Alamy, 18–19; NurPhoto/Getty, 20–21; OlesyaNickolaeva/Shutterstock, 22; Dee Browning/Shutterstock, 23tl; Paul McKinnon/Shutterstock, 24.

Printed in the United States of America at Corporate Graphics in North Mankato, Minnesota.

Tabla de contenido

Caballos grandes

Estos caballos tiran de una carreta.

¡Ellos son grandes!

Son Clydesdale.

5

La mayoría de los Clydesdale tienen **pelajes** de color café.

Apolo tiene algo de blanco en el **hocico**.

pelaje

hocico

Pimienta es negra.

Sus patas son blancas.

Estas tienen pelo largo.

Los Clydesdale son altos.

Son pesados.

¡Pesan tanto como un carro!

11

Sus **cascos** son enormes.

¡Uno es del tamaño de un plato!

Las **herraduras** los protegen.

herradura

Estos caballos trabajan duro.

Son fuertes.

Rocky tira de troncos.

Betsy hala un **carruaje**.

Estos tiran de un arado.

arado

17

Campeón da paseos.
¡Buen chico!

Los Clydesdale son grandes.

¡Ellos son amables!

Un vistazo a un caballo Clydesdale

¿Cuáles son las partes de un caballo Clydesdale? ¡Échales un vistazo!

hocico

crin

pelaje

cola

pata

casco

Glosario de fotografías

arado
Una máquina agrícola que labra o corta la tierra.

carruaje
Un vehículo tirado por caballos.

cascos
Las partes duras que cubren los pies de un caballo.

herraduras
Piezas de metal en forma de u que protegen los cascos de los caballos.

hocico
La nariz y boca de un animal.

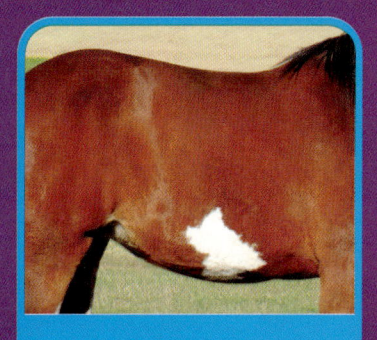

pelajes
El pelo de los caballos.

Índice

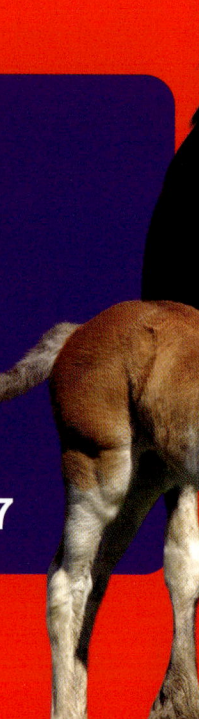

Para aprender más

Aprender más es tan fácil como contar de 1 a 3.

1 Visita **www.factsurfer.com**

2 Escribe "**loscaballosClydesdale**" en la caja de búsqueda.

3 Elige tu libro para ver una lista de sitios web.